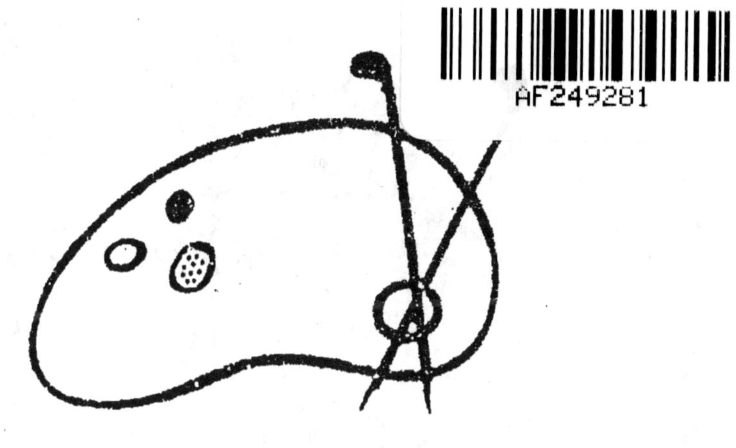

Couvertures supérieure et inférieure
en couleur

CONVOCATION

DU

TIERS-ÉTAT DE SAINT-OMER

AUX ÉTATS-GÉNÉRAUX

DE FRANCE OU DES PAYS-BAS

en 1308, 1346, 1420, 1427, 1555 et 1789

PAR M. PAGART D'HERMANSART

Secrétaire-archiviste de la Société des Antiquaires de la Morinie
Membre correspondant de la Société des Études historiques.

SAINT-OMER
IMPRIMERIE ET LITHOGRAPHIE H. D'HOMONT
14, rue des Clouteries, 14
1883

(1)

OUVRAGES DU MÊME AUTEUR

Statistique de Saint-Omer en 1730 (broch. 22 p.) Fleury-Lemaire, Saint-Omer 1880.

Les anciennes Communautés d'arts et métiers à Saint-Omer. 2 vol. in-8°, 744 et 405 p. avec 4 planches. Fleury-Lemaire, Saint-Omer 1879 et 1881. (Cet ouvrage a mérité une mention honorable au concours des Antiquités nationales de l'Académie des Inscriptions et Belles-Lettres en 1882).

CONVOCATION
DU TIERS-ÉTAT DE SAINT-OMER
AUX ÉTATS-GÉNÉRAUX
DE FRANCE OU DES PAYS-BAS

en 1303, 1346, 1420, 1457, 1555 et 1789

CONVOCATION

DU

TIERS-ÉTAT DE SAINT-OMER

AUX ÉTATS-GÉNÉRAUX

DE FRANCE OU DES PAYS-BAS

en 1308, 1346, 1420, 1427, 1555 et 1789

PAR M. PAGART D'HERMANSART

Secrétaire-archiviste de la Société des Antiquaires de la Morinie

SAINT-OMER
IMPRIMERIE ET LITHOGRAPHIE H. D'HOMONT
14, rue des Clouteries, 14
1882

*Extrait du tome XVIII des Mémoires de la Société
des Antiquaires de la Morinie.*

CONVOCATION

DU TIERS-ÉTAT DE SAINT-OMER

AUX ÉTATS-GÉNÉRAUX

DE FRANCE OU DES PAYS-BAS

EN 1308, 1346, 1420, 1427, 1555 ET 1789.

*Etats d'Artois. — Comment le Tiers-Etat y était re-
présenté. — Prérogative des Etats de nommer les
députés de la province aux Etats-Généraux.*

L'origine des Etats d'Artois est très ancienne : les
comtes de Flandre et plus tard ceux d'Artois obéis-
saient à d'anciennes traditions remontant aux Ger-
mains lorsqu'ils convoquaient en assemblées les prélats et les nobles pour délibérer, soit sur le gouvernement intérieur de leurs comtés, soit sur des ques-
tions de paix ou de guerre. Ce n'est qu'à partir de
l'an 1300 environ qu'on voit figurer dans ces réunions
les députés des villes y représentant le Tiers-Etat.
Lorsque des documents précis permettent d'apprécier

l'organisation des Etats, on les voit chargés de l'administration de la province et du règlement de l'impôt. L'ordre du Tiers-Etat y était représenté par les députés des villes d'Arras, Saint-Omer, Béthune, Aire, Lens, Bapaume, Hesdin, Saint-Pol, Pernes et Lillers; chaque ville y avait une voix et de deux à quatre représentants. Saint-Omer y envoyait ordinairement quatre échevins.

Une des attributions des Etats d'Artois était encore de déléguer au nom de la Province des députés aux Etats généraux convoqués, soit en France (1) soit dans les Pays-Bas, et les représentants du Tiers-Etat étaient en général choisis en nombre au moins égal à celui des députés des deux autres ordres (2).

Toutefois la ville de Saint-Omer fut convoquée plusieurs fois directement à divers Etats généraux :

§ 1.

1308.

Etats généraux tenus à Tours en mai 1308.

On sait que Philippe le Bel est le premier roi de France qui ait, en 1302, convoqué à ces assemblées le Tiers-Etat, en y admettant les députés des villes.

En 1308, ce prince, qui, au mois d'octobre de l'année précédente, venait de faire arrêter les Templiers dans tout le royaume, chercha un appui dans la nation contre le pape Clément V, et convoqua les Etats généraux à Tours. Des lettres d'invitation furent adressées à la noblesse, au clergé et à tous les con-

(1) Notamment en 1439 et 1484.

(2) Mémoire manuscrit de 160 p. — Arch. municip. d'Arras cité par M. Paris dans son ouvrage : *La jeunesse de Robespierre et la convocation des Etats généraux en Artois, Arras, 1870,* page 206.

suls, maires, échevins, jurés et communautés *insignes*
du royaume, et la comparution à l'assemblée fut
obligatoire. Toutes les villes reçurent les ordres
royaux par l'intermédiaire du bailli du roi, et leurs
députés durent être munis d'une procuration écrite
leur conférant le pouvoir de représenter la commune
« pour entendre, recevoir, approuver et faire tout ce
» qu'il leur seroit commandé par le roi, sans exciper
» du recours à leurs commettans. » Dans les villes
de communes jurées les délégués furent désignés par
le maire, les échevins et la commune. A Saint-
Omer ils furent élus le deuxième dimanche après
Pâques par le mayeur, les échevins et les jurés (1)
qui désignèrent trois notables bourgeois : Simon
Vastrel, Jean d'Arkes et Egide de Latre. Nous n'avons
pas de détail sur le rôle qu'ils jouèrent, mais la procuration de la ville de Saint-Omer existe encore en
original aux archives nationales (2).

§ 2.

1346.

Convocation à Amiens.

En 1346 Philippe de Valois appela deux bourgeois
de Saint-Omer à siéger dans son conseil ; cette parti-
cipation que la ville prit ainsi à l'administration du
royaume est une preuve de son importance à cette
époque (3).

(1) Voir pour l'organisation de l'échevinage de Saint-Omer :
*les Anciennes communautés d'arts et métiers à Saint-Omer; t. I.
Fleury-Lemaire, 1879.*

(2) J. 415-41. — Pièce justificative I.

(3) En 1345, Philippe de Valois, voulant faire une ordonnance
générale sur divers articles, fit appeler par devers lui les prélats, barons, chapitres et bonnes villes du royaume pour les
consulter. (Ord. rois de France t. II p. 238, 239.) La lettre royale

Le 7 novembre suivant, après le désastre de Crécy (20 août 1346), le même prince adressa aux Maïeur et Echevins, bourgeois et habitants de la ville de Saint-Omer, des lettres de cachet par lesquelles il les requérait d'envoyer deux députés, à Amiens, le jour de la Saint-André (30 novembre). Le roi devait se trouver dans cette ville avec les princes, les prélats, les barons et les représentants de plusieurs bonnes villes, afin d'examiner avec eux les propositions de paix faites à son fils aîné, duc de Normandie et dauphin de Vienne (1), par les mercenaires licenciés après le désastre de Crécy, et qui, réunis et déjà connus sous le nom de *Compagnies* (2), étendaient leurs ravages en Normandie et au delà (3). Nous ignorons d'ailleurs quelles furent les suites de cette convocation.

§ 3.

1420.

Etats généraux tenus à Paris.

Depuis cette époque jusqu'en 1420, bien qu'il y ait eu plusieurs réunions d'Etats généraux, rien ne ré-

du 12 mars 1346 (arch municip. AB. IX) a été publiée par M. de Lauwereyns de Roosendaele dans sa brochure : *les Otages de Saint-Omer. — Fleury-Lemaire, 1879*, page 2, note 2.

(1) En vertu du contrat signé au château de Vincennes entre le roi Philippe et Humbert II, dauphin du Viennois le 23 avril 1343 assurant le Dauphiné à la couronne. (*Histoire de France*, Henri Martin, t. V, p. 387.)

(2) Voir *Des grandes compagnies au XIV⁰ siècle*, par M. de Fréville. Bibliothèque de l'école des chartes, t. III, p. 258 et t. V, p 232. — On ne fait généralement prendre place dans l'histoire aux grandes compagnies qu'après la bataille de Poitiers (1356), époque à laquelle on les trouve avec une organisation complète ; mais auparavant déjà, elles avaient créé des difficultés à la royauté.

(3) Pièce justificative II.

vèle que les bourgeois de Saint-Omer y aient été admis directement. L'Artois était passé en 1384 sous la domination de la maison de Bourgogne par suite du mariage de Marguerite, fille de Louis-le-Mâle, avec Philippe-le-Hardi ; et les ducs de Bourgogne, bien que vassaux de la couronne de France, ne permettaient pas que leurs sujets assistassent aux Etats généraux tenus par un roi avec lequel ils étaient souvent en guerre. Mais en 1420, d'après le traité de Troyes signé le 21 mai, Henri V, roi d'Angleterre, était régent du royaume de France, devait épouser la princesse Catherine, et avait été reconnu héritier du trône ; Paris et la plupart des provinces au nord de la Loire appartenaient aux anglais ; et Philippe-le-Bon, duc de Bourgogne et comte d'Artois, désireux de venger la mort de son père Jean-sans-Peur, assassiné sous les yeux du Dauphin au pont de Montereau le 10 novembre 1419, était l'allié des Anglais. Aussi lorsqu'il s'agit de convoquer les Etats généraux des pays conquis afin d'en obtenir les subsides nécessaires pour poursuivre la guerre contre l'héritier légitime du trône de France, Philippe-le-Bon ne s'opposa point à ce que les bonnes villes placées sous son autorité y fussent convoquées.

Le 28 octobre 1420 « à heure de grand messe », Copin de Hémart, chevaucheur de l'écurie de Charles VI, arriva à Saint-Omer porteur de lettres royales datées du 1er octobre à Corbeil, invitant les gens d'église, bourgeois et habitants à envoyer des notables pris parmi eux, à Paris le lendemain de la Saint-Martin (12 novembre) « pour le bien du royaume et » des monnaies ». Dans une assemblée qui fut tenue trois jours après, le chapitre déclara qu'il enverrait ses députés à part ; les religieux de Saint-Bertin au

contraire prièrent le Magistrat de choisir quelqu'un
pour les représenter et s'engagèrent à contribuer aux
dépenses qu'entraîneraient le voyage et le séjour des
députés à Paris. En conséquence on choisit Nicolas
Le Faust, conseiller de la ville qui représenta aussi
les Religieux, puis sire Jacque le Desverne et messire
Sus Saint-Léger. On leur donna une procuration
scellée du scel aux causes de la ville ; le prieur de
Saint-Bertin, à défaut de l'abbé dont le siège était
vacant (1), y apposa aussi son sceau particulier.

Le 7 novembre, les trois députés partirent avec huit
chevaux. Mais les rois de France et d'Angleterre ne
vinrent à Paris que le 1er dimanche de l'Avent (1er décembre), de sorte que l'assemblée ne se tint que le
vendredi suivant 5 décembre à l'hôtel de Saint-Pol.
Elle eut lieu en présence des deux rois, des ducs de
Clarence, de Betford, de Glocester et du duc de
Bourgogne Philippe le Bon. Le chancelier Jehan
Leclerc exposa les circonstances qui avaient motivé
la réunion : « à scavoir pour remettre sus justice,
» pour pourveoir aux monnoyes et pour aidier à
» l'Estat et gouvernement du Roy, qui n'a aucunes
» finances. » Les représentants des provinces de
Reims, de Lyon et de Sens, qui seules avaient envoyé des députés, délibérèrent séparément et finirent
par adopter les propositions royales. On nomma de
nouveaux baillis, on réforma la monnaie et, comme
la détresse était grande, on décida qu'on enverrait
« commissaires pour les pays et bonnes villes pour

(1) Jean IV le Bliecquère, 60me abbé, était mort le 26 septembre précédent ; son successeur Alard Trubert avait été nommé
en assemblée générale au commencement d'octobre, mais le
pape n'avait pas encore confirmé son élection. (*Les Abbés de
Saint-Bertin*, par M. de Laplane, p. 367 et 370.)

» cueillir des gens d'église, nobles, bourgeois et
» autres puissans, vaisselle d'argent, en nom de
» prest, à porter lad. vaisselle aux prochaines forges
» des lieux où elle seroit cueillie. » Les Etats accordèrent en outre les aides ordinaires à compter du
1er février suivant avec cette condition toutefois :
« que sur grains et farines et sur menues coses que
» les gens du plat pays apportent vendre aux bonnes
» villes, rien ne se léveroit. »

Les députés de Saint-Omer ne revinrent dans cette
ville que le 29 décembre après une absence de cin-
quante-trois jours et rendirent compte de leur mission à l'échevinage (1).

§ 4.

1427.

*Assemblée des quatre membres de la Flandre et des trois
Etats d'Artois à Valenciennes. Saint-Omer y envoie
quatre députés.*

Quelques années plus tard, des démêlés survinrent
entre Philippe le Bon et ses alliés les Anglais. Jacqueline de Hainaut avait succédé à son père Guillaume IV dans les comtés de Hainaut et de Hollande
et avait épousé Jean IV, duc de Brabant, son cousin-
germain. Ce prince incapable ne sut pas défendre les
états de sa femme contre son oncle Jean de Bavière,
elle fit alors casser son mariage et épousa en 1423 le
duc de Glocester, frère du roi d'Angleterre, avec l'aide

(1) Pièce justificative III. — Des députés de la ville d'Amiens
furent aussi envoyés aux Etats généraux de 1420. Voir la mention de la lettre royale adressée aux gens d'église, bourgeois et
habitants de cette ville et la délibération de l'échevinage. —
Doc. inéd. sur l'histoire du Tiers-Etat, par Augustin Thierry, t II,
p. 88.

duquel elle rentra dans le premier de ces comtés. Mais le duc Philippe était l'héritier de Jean IV, il était aussi celui de Jacqueline qui n'avait d'enfants d'aucun de ses mariages, il craignit de voir le prince anglais établi définitivement dans le Hainaut et il se déclara contre Jacqueline qu'il vainquit et fit prisonnière en 1425. Il se fit reconnaître par Jean IV *rewaert* ou gouverneur de tous les pays qui appartenaient à la comtesse. Puis en 1427 il réunit à Valenciennes des « députés des quatre membres de Flandres (1) et des » trois états d'Artois, tous prélats et gens d'église, » nobles des bonnes villes du pays de Haynaut », et se fit donner par eux le gouvernement du Haynaut pour tout le temps que Jacqueline resterait la femme et l'alliée du duc de Glocester (2).

Cette assemblée, sans être à proprement parler une réunion d'Etats généraux, était cependant très importante puisqu'elle réunissait tous les représentants des pays de Flandres, d'Artois et de Haynaut placés sous la domination du duc de Bourgogne. La ville de Saint-Omer y fut représentée directement par sire Eustache de Morcamps, mayeur, de Wissocq, Rebec et Beutin qui partirent le 28 mai 1427 et revinrent dans la nuit du 7 juin (3).

(1) En 1343, à l'époque de Jacques Arteveld, la constitution de la Flandre flamande fut modifiée par l'établissement de trois *membres* formés des villes de Gand, Bruges et Ypres, auxquels s'adjoignit plus tard le Franc de Bruges.

(2) Les Etats d'Artois s'étaient opposés à l'alliance du duc de Glocester avec Jacqueline de Bavière et avaient écrit au pape le 23 mai 1426 une lettre en latin pour empêcher le mariage. (Table alphabétique aux archives de la mairie.)

(3) Pièce justificative IV. — On peut encore rappeler qu'en septembre 1480, le Magistrat députa à Ypres le conseiller de ville de Sus-Saint-Légier pour y assister à l'assemblée des *trois*

§ 5.

1555.

Etats généraux de Bruxelles. — Abdication de Charles-
Quint. — Saint-Omer y est représenté par un échevin.

Par le traité de Madrid du 14 janvi r 1525 les comtés de Flandres et d'Artois furent entièrement séparés
de la couronne de France; cette indépendance fut con-
firmée et ratifiée par les traités de Cambrai du 3 août
1529 et de Crespy du 18 septembre 1544. Dès lors
c'est aux Etats généraux des Pays-Bas que les Etats
d'Artois ou les bonnes villes envoyèrent leurs députés.

Lorsque Charles-Quint songea à abdiquer, il s'oc-
cupa de négocier avec le roi de France Henri II une
trève de cinq ans, et, avant de licencier les gens de
guerre à qui il était dû des sommes considérables
pour solde arriérée, il convoqua les Etats généraux à
Bruxelles pour le 1ᵉʳ mars 1555. Les Mayeur et Echevins de Saint-Omer désignèrent le 21 février Hercule
Le Reverse pour .es représenter. L'assemblée ne se
réunit que le 12 mars; l'empereur, après avoir fait
exposer par Mᵍʳ de Bruxelles, conseiller d'Etat, son
projet de transmettre à son fils Philippe II, roi d'Angleterre (1) les provinces des Pays-Bas, ses pays patrimoniaux, demanda au: Etats de consentir un impôt
consistant dans « le centième denier de la vallue des
« immeubles et le cinquantième denier de la négo-
» ciation des marchandises. » Puis il convoqua les
Etats d'Artois, qui seuls pouvaient engager les finan-

membres de *Flandre.* (Table alphabétique aux archives de la mairie.)

(1) Par suite de son mariage avec Marie Tudor, fille
d'Henri VIII, devenue reine d'Angleterre après la mort de son
père et celle de son frère Edouard V.

ces de la province, pour le 29 mars, à Arras, afin
d'examiner sa demande et de lui en référer dans une
nouvelle assemblée qui serait tenue à Bruxelles le
12 avril.

Dès le 24 mars Hercule Le Reverse fit son rapport à
l'échevinage qui décida qu'il enverrait à Arras Sébas-
tien Hannedouche, licencié-ès-lois, conseiller principal
de la ville.

Marie de Hongrie était alors gouvernante des Pays-
Bas, les Etats d'Arras tenus en 1555 lui refusèrent
l'impôt demandé et n'accordèrent que deux mille
livres à payer en trois termes (1). Le 4 octobre 1555
les Etats d'Artois réunis à Arras furent informés par
un manifeste officiel des intentions de l'Empereur
relativement à son abdication, et on fixa au 14 de ce
mois la date du jour où se réuniraient à Bruxelles les
députés qui devaient assister à l'investiture solen-
nelle donnée au nouveau souverain des Pays-Bas.
L'échevinage de Saint-Omer, par une délibération du
6 octobre, délégua sire Jehan de Bersaques, échevin,
qui se rendit à Bruxelles. L'assemblée ne se tint dans
cette ville que le 25 octobre. L'empereur y fit lire
son acte d'abdication ; puis Philippe II, qui lors de sa
réception en 1549 dans diverses villes des Pays-Bas,
avait déjà juré de maintenir et de conserver les droits
et privilèges de l'Artois en général et des villes en
particulier, prononça un nouveau serment solennel
et reçut celui des députés des trois Etats d'Artois.
Jehan de Bersaques était au nombre de ceux qui
reçurent et prêtèrent ces serments, et il rendit compte
de sa mission en halle à Saint-Omer le 4 novembre 1555. 2

(1) *Histoire d'Arras*, par M. Lecesne. Arras 1880, p. 87.

2 Pièces justificatives n° VII

Marie de Hongrie résigna la régence des Pays-Bas,
qu'elle avait conservée pendant vingt-cinq ans, et le
5 février 1556 fut signée à l'abbaye de Vaucelles une
trêve de cinq ans entre la France et l'Espagne; elle
ne fut pas d'ailleurs de longue durée.

A partir de cette époque, on ne voit plus les députés de Saint-Omer figurer directement dans les
assemblées tenues par les souverains; ce sont toujours les Etats d'Artois qui choisissent les députés à
envoyer aux Etats généraux. Dans une circonstance
analogue à l'abdication de Charles-Quint, lorsque le
6 mai 1598 Philippe II céda les Pays-Bas à l'infante
Isabelle-Claire-Eugénie et à l'archiduc Albert son futur
époux, les Etats d'Artois se réunirent le 31 juillet et
décidèrent d'envoyer des députés à Bruxelles pour les
représenter à la cérémonie du serment; mais les villes
n'y envoyèrent point directement de délégués.

§ 6.

1789.

*Elections aux Etats généraux. — Les Etats d'Artois
perdent leur droit de nommer les députés de la province. — Opérations électorales à Saint-Omer.* ~ I

A l'époque où Saint-Omer fit retour à la France en
1677, on ne tenait plus depuis 1614 d'Etats généraux
dans le royaume. La royauté ne les voyait plus d'un
œil favorable et déniait la prétention qu'ils affichaient
de représenter la nation. Mais en 1788 la nécessité
de leur convocation devint impérieuse.

Toutefois bien des changements étaient survenus
dans la constitution des villes. L'édit de novembre
1771 avait supprimé dans tout le royaume la forme
élective du gouvernement municipal, celui de novembre 1773 relatif à l'Artois n'avait restitué les élections

que pour la forme en les mettant dans la dépendance
des députés ordinaires aux Etats d'Artois (1), de sorte
que les corps municipaux n'étaient plus comme autrefois choisis par les habitants. Dix villes seulement
envoyaient les députés de leurs échevinages aux Etats
d'Artois, et les campagnes, qui cependant payaient
une grosse part des impôts, n'étaient pas représentés
dans le Conseil de 'a province.

Aussi pouvait-on contester aux Etats d'Artois la
compétence nécessaire pour procéder à la nomination
des députés aux Etats généraux du royaume et pour
rédiger les cahiers de demandes et de doléances.

D'autre part, la déclaration du roi ordonnant la
réunion des Etats généraux n'avait point fixé le mode
de convocation à adopter qui fut livré à l'appréciation
de la nation. De toutes parts la bourgeoisie demanda
par l'organe des divers corps constitués du Tiers-
Etat : municipalités, échevinages, corporations, com-
missions des assemblées provinciales, que le Tiers
eut des représentants égaux en nombre et en autorité à ceux des corps du clergé et de la noblesse
réunis. Les échevinages d'Artois prirent aussi des
arrêtés dans ce sens, et se mirent en rapport avec
d'autres villes pour propager le mouvement général
d'opinion qui se manifestait. Saint-Omer reçut en
communication les arrêtés imprimés ou manuscrits
pris par les villes suivantes : Abbeville, Aire, Aix-en-
Provence, Arras, Cambrai, Carcassonne, Châlons-
sur-Saône, Clermont-Ferrand, Dieppe, Hesdin, Hon-
fleur, Laon, Lens, Libourne, Limoges, Lunéville,
Nantes, Paris, Quimper, Rouen, Saint-Quentin, Som-
miéres, Tours et une délibération des Etats de Foix ;

(1) Voir *Mém. des Antiq. de la Morinie*, t. XVI, p. 57 et suiv.,
et p. 82 et 83.

de son côté le Magistrat adressa en échange sa propre délibération à ces diverses municipalités.

L'avocat Muchembled écrivit un mémoire en faveur du Tiers-Etat de Saint-Omer, et le 2 décembre 1788 parut une protestation faite par d'anciens Mayeur et échevins et par des habitants notables de la ville « contre tout ce qui pourrait être contraire au réta- » blissement des droits du Tiers-Etat d'Artois. »

L'agitation excitée dans tout le royaume ne fut pas stérile, car malgré l'opinion de l'assemblée des no- tables réunie à Versailles le 6 novembre 1788, le mi- nistre Necker fit rendre au roi le 27 décembre 1788 une décision qui admettait la double représentation du Tiers.

Les Etats d'Artois essayèrent de maintenir leur ancien droit d'élire les députés aux Etats généraux, mais des divergences de vues s'étaient produites lors de la dernière assemblée qui s'était ouverte le 29 dé- cembre 1788 ; les députés des villes y avaient con- testé hautement la compétence des Etats ; et c'est en vain que ceux-ci firent auprès du roi des démarches pour obtenir que l'assemblée de tous les habitants de la province convoqués pour la nomination des dé- putés aux Etats généraux fût tenue en corps d'Etat. Ces réclamations se brisèrent contre le désir des mi- nistres d'appliquer à toute la France un même sys- tème électoral.

Des lettres royales données à Versailles le 24 jan- vier 1789 convoquèrent les Etats généraux du royaume pour le 27 avril suivant ; elles avaient confié aux bail- lis principaux le soin d'organiser les assemblées élec- torales Mais aucun des tribunaux inférieurs établis en Artois : bailliages ou gouvernance, ne connaissait des cas royaux et ne réunissait les caractères requis

2

pour convoquer les trois ordres de la province. Aussi
fallut-il que le roi rendît le 19 février un règlement
spécial pour l'Artois, attribuant au gouverneur, le
duc de Guines, « tous pouvoirs pour prendre au siège
» de la gouvernance d'Arras la séance que prenaient
» les baillis d'épée dans les Bailliages royaux, y faire
» publier et enregistrer les lettres de convocation et
» en envoyer copie aux principaux officiers des autres
» bailliages de la province. » Une lettre royale du
même jour fixa à quatre le nombre des députations
accordées à la gouvernance d'Arras et aux bailliages
de Saint-Omer, Béthune, Aire, Lens, Bapaume, Hesdin et Saint-Pol; chaque députation devait être com-
posée d'un membre du clergé, d'un de la noblesse et
de deux du Tiers-Etat. Dans chaque bailliage il était
ordonné de tenir des assemblées préparatoires pour
désigner ces députés; le nombre des membres qui
devaient en faire partie fut également fixé, la réunion à tenir à Saint-Omer comportait vingt membres.

Le lieutenant général de la gouvernance d'Arras
avait convoqué l'assemblée des trois ordres dans cette
ville pour le 13 avril.

Cette décision fut portée à la connaissance des habitants du ressort du bailliage de Saint-Omer par une
ordonnance du 19 mars rendue par M. Lemaire de
Bellerive, lieutenant général civil et criminel du bailliage royal, ville et chatellenie de Saint-Omer, qui
fixa également le mode de réunion des assemblées
préparatoires.

La signification de cette ordonnance, des lettres
royales du 14 janvier 1789, du règlement du 19 février suivant, et des lettres y annexées du même
jour pour leur exécution dans la province d'Artois,
fut faite tant à M. de Laurétan, mayeur, qu'à MM. les

Mayeur et Échevins, par deux procès-verbaux du 20 mars. Ceux-ci, à leur tour et conformément aux ordres reçus, firent publier le 23 à son de trompette, dans la ville et les faubourgs, un avis portant que les habitants composant le Tiers-Etat qui ne se trouvaient point compris dans quelque corps, communauté ou corporation, nés Français ou naturalisés, âgés de vingt-cinq ans, domiciliés dans la ville et les faubourgs et portés au rôle des impositions, eussent à s'assembler le vendredi 27, à sept heures du matin, en la halle échevinale, pour procéder, en exécution de l'art. 27 du règlement royal du 24 janvier, à l'élection de députés, dans la proportion suivante : deux par cent individus et au-dessous présents à ladite assemblée, quatre pour un nombre au-dessus de cent, six pour un nombre supérieur à deux cents personnes, et ainsi de suite en augmentant. Ces députés devaient se rendre à l'hôtel de ville le 30 mars à 8 heures du matin, munis de la délibération qui les aurait nommés, pour concourir, avec les autres membres de l'assemblée, à la rédaction du cahier des doléances, plaintes et remontrances de la ville, et à l'élection des vingt députés qui seraient chargés de présenter ce cahier le 6 avril à l'assemblée du bailliage de Saint-Omer.

Des invitations particulières furent adressées aussi aux corps et communautés, et ceux qui n'en avaient pas reçues étaient convoqués de droit pour le 28 dans le lieu ordinaire de leurs séances pour choisir les députés à envoyer à l'hôtel de ville le lundi 30.

Le 27 mars, 232 électeurs n'appartenant à aucun corps ni communauté élurent à la pluralité des suffrages le sieur Bertin Flandrin, maraîcher, Jean Cathoire, maître bélandrier, demeurant au faubourg du Haut-Pont, Jean-François-Louis Buffin, receveur des

Domaines du Roi à Saint-Omer, Valentin Lourme, ménager à Audruicq, pays de Bredenarde, et MM. Crepin et Froidure, avocats à Saint-Omer.

Le bailliage composé de M. Lemaire de Bellerive, lieutenant général, des conseillers : Leroy du Pley, Defrance de Hélican, Deschamps de Pas, Legrand de Castelle, Vaneckout du Hally, du procureur du roi Masse de Bouret et de M. Buffin substitut, élut le 26 mars deux de ses membres : MM. Leroy du Pley et Defrance de Hélican.

Le 27 mars, M. Philippe-Henry Leroy, seigneur du Pley et autres lieux, bailli général, Louis-Auguste-Joseph Deschamps de Pas, Herman Louis-Bertin-Marin, tous deux hommes de fief gradués, et Jean-Louis Marin, procureur fiscal, composant le siège de la salle épiscopale de Saint-Omer et seigneurie de Burques, choisirent deux d'entre eux : MM. Deschamps de Pas et Jean-Louis Marin.

Les officiers du siège des francs-alleux de la châtellenie : MM. Antoine-Joseph Brasseur, mayeur, Dominique-François Deremetz, Pierre-Joseph Ducrocq, échevin, Nicolas-Fulgence-Claude-Henry Masse de Bouret, procureur du roi des bailliage, ville et châtellenie de Saint-Omer, Jean-François-Louis Buffin, conseiller du roi, substitut de ses avocat et procureur ès-dit bailliage, assemblés en leur chambre ordinaire, dans l'hôtel du bailliage le 28 mars, déléguèrent : Charles-Louis-Joseph Vaneckout du Hally conseiller au bailliage et le sieur Brasseur.

Les huit procureurs au bailliage s'assemblèrent le 24 et choisirent Mes Ignace-François-Alexandre Liborel (1) et Jean-Baptiste Personne.

(1) Voir une notice historique sur le baron Liborel, par M. Paris. — *Mém. de l'Académie d'Arras*, t. XI, 2e série, p. 116.

Les officiers du siège des Vierschaires : Prouvée, Wattebled, Bernard Pincedé, J.-J. Devos, J.-Joseph Magot, F.-M. Alande, Lanose, Derycke, délibérèrent le 27 et élurent le sieur Nicolas-Joseph Lanose, greffier dudit siège et Louis-François-Dominique Derysse, amman du roi.

D'autres corps choisirent leurs délégués à diverses dates :

NOMS des CORPS	DATE de la RÉUNION	NOMBRE des ÉLECTEURS	NOMBRE des DÉPUTÉS
Notaires	29 mars	6	2
Chirurgiens	26	6	1
Médecins	26	8	2
Arbalétriers (1) . .	28	15	2
Archers.	25	10	2
Arquebusiers . . .	29	19	2
		64	11

Les corporations de métiers, convoquées, soit dans leurs chambres en assemblée tenue par le doyen et les quatre maîtres, ou par le connétable, ou par le grand maître, soit en la demeure du doyen, soit chez un notaire élurent aussi leurs députés :

N° d'ordre	NOMS des CORPORATIONS	DATE de la RÉUNION	NOMBRE des ÉLECTEURS	NOMBRE des DÉPUTÉS
1	Apotiquaires. . . .	26 mars	9	2
2	Avaleurs & clobers(2)	27	13	1
3	Belandriers (3). . .	29	23	1
			45	4

(1) Le chevalier de Lauretan, mayeur en exercice, était leur grand maître.

(2) Leur chambre était située rue de l'Ane aveugle.

(3) Leur chambre était dans le cabaret de Saint-Jacques, faubourg du Haut-Pont.

N° d'ordre	NOMS des CORPORATIONS	DATE de la RÉUNION	NOMBRE des ÉLECTEURS	NOMBRE des DÉPUTÉS	
		Report	45	4	
4	Bouchers	26 mars	22	1	2 veuves parmi les électeurs.
5	Boulangers	27	29	1	
6	Brasseurs	26	11	1	
7	Brouetteurs	28	13	1	
8	Cabaretiers	27	21	1	
9	Chamoiseurs mégissiers, pelletiers et wantiers.	29	7	1	
10	Charcutiers	29	11	1	
11	Chapeliers	25	9	1	
12	Charbonniers mesureurs et porteurs de charbon.	28	5	1	
13	Charpentiers	29	20	1	
14	Charpentiers de bateaux	29	15	1	
15	Chartiers	27	9	1	
16	Chaudronniers	26	9	1	2 veuves parmi les électeurs.
17	Cordiers	26	28	1	
18	Cordonniers	29	36	1	
19	Corroyeurs	25	7	1	
20	Couvreurs de thuiles	25	18	1	
21	Cuisiniers	28	4	1	
22	Graissiers	26	25	1	
23	Fripiers	28	14	1	
24	Joueurs d'instruments et maîtres à danser	27	14	1	
25	Maçons	27	13	1	
26	Manneliers	26	16	1	
27	Marchands en détail	27	114	2	
28	Menuisiers	29	14	1	
29	Mesureurs de grains	26	20	1	
30	Meuniers	29	9	1	
31	Orfèvres (1)	26	11	1	
32	Perruquiers	26	21	1	
			590	34	

(1) Leur chambre était située rue du Commandant sur la paroisse Saint-Denis.

N° d'ordre	NOMS des CORPORATIONS	DATE de la RÉUNION	NOMBRE des ÉLECTEURS	NOMBRE des DÉPUTÉS	
		Report	590	34	
33	Poissonniers	27 mars	22(1)	1	3 veuves parmi les électeurs.
34	Portefaix (2)	26	23	1	
35	Savetiers	27	57	1	
36	Serruriers (3) . . maréchaux, taillandiers.	27	23	1	
37	Tailleurs d'habits (4)	29	22	1	
38	Tanneurs	27	8	1	
39	Tonneliers	26	28	1	
40	Tisserands	29	14	1	
41	Tourneurs	26	12	1	
42	Vitriers	27	15	1	
			814	44	

Sur ces 42 communautés, deux seulement jugèrent utile de formuler des vœux : les chaudronniers et les mesureurs de grains. Les premiers les rédigèrent ainsi :

« 26 mars 1789.

» *Reflections sur la maîtrise des chaudronniers.*

» 1° Vu le petit nombre de maîtres qui compose le corps » des chaudronniers de cette ville, anéantir toutes les » rentes qui ont été constituées sur ledit corps par nos » prédécesseurs ; ont-ils été fondés de nos procurations ? » Pouvaient-ils disposer de nos volontés ? Alors aucun de » nous n'était admis à la communauté.

(1) Plus un électeur absent à cause de ses infirmités. Deux électeurs refusèrent de signer le procès-verbal.

(2) Leur chambre était place du Haut-Pont.

(3) La réunion se tint chez Etienne-Joseph Hié, serrurier, rue du Chevalier Rouge.

(4) La réunion se tint chez Louis-Herman Tonnoir, rue des Capucins.

» 2° Défendre aux chaudronniers ambulans de vendre
» et colporter leurs marchandises de porte en porte au
» mépris des statuts de notre maîtrise, et bravant, pour
» ainsi dire, le bon ordre attaché à tout Etat ; donner
» pouvoir à cet effet aux maîtres chaudronniers de con-
» fisquer au profit de la communauté toute marchandise
» prise en contravention (1).

» 3° Abolition d'une partie des droits sur le cuivre. »

Les mesureurs émirent le vœu suivant :

« Les mesureurs de grains soussignés estimeraient
» qu'il leur soit remis le droit de mesurer le sel gris ;
» droit que leurs charges leur accordent par l'acquisition
» qu'ils en font, duquel ils se voyent exclus par l'inac-
» tion de leurs prédécesseurs (2). »

Aucun corps ne formula d'autres vœux.

En résumé :

232 électeurs n'appartenant à aucun corps

			avaient élu	6 délégués
8	—	du bailliage	—	2 . —
4	—	de la salle épiscopale	—	2 —
5	—	du siège des francs-alleux	—	2 —
8	—	procureurs	—	2 —
8	—	du siège des vierschaires	—	2 —
64	—	de divers corps	—	11 —
814	—	des communautés de métiers	—	44 —

Soit 1143 électeurs élurent . . . . 71 délégués

Les 30 et 31 mars, à l'hôtel-de-ville, se tint la réunion de tous ces délégués qui rédigèrent et remirent
au mayeur le « cahier des doléances, plaintes et re-

(1) Depuis plus de trois siècles les chaudronniers défendaient
leurs privilèges contre les chaudronniers ambulants. *Mém. des
Antiq. de la Morinie*, t. XVI, p. 512.

(2) Ces réclamations n'étaient pas nouvelles. *Mém. des Antiq.
de la Morinie*, t. XVI, p. 184 et suiv.

» montrances du Tiers-État de la ville et faubourgs
» de Saint-Omer. » Ils nommèrent en outre les vingt
députés au bailliage dont les noms suivent :

Pierre-Louis-François DE LAURETAN, mayeur.
Hermand-Louis-Bertin MARIN, avocat.
Jacques-François VASSEUR, négociant.
Jean-Marie LEFEVRE, marchand.
Mathieu-Joseph DELPIERRE, brasseur.
François-Joseph CREPIN, avocat.
Bruno-François DANEL, maître corroyeur.
Augustin-Joseph COUPRANT, marchand.
François-Adrien FROIDURE, avocat.
Charles-Augustin DAMART, apotiquaire.
. . . . . LEROY DU PLEY, conseiller au bailliage.
François-Antoine BOUBERT, avocat.
Jacques-Joseph DECQUE, marchand poissonnier.
. . . . . . DEFRANCE DE HÉLICAN, conseiller au bailliage.
Jean BILLAN, marchand.
Louis-Benoît BURET, avocat.
Omer VALLÉ, maître boucher.
Jean-Baptiste PERSONNE, procureur.
. . . . . ANDRÉ, ancien chirurgien-major.
Jean-Louis MARIN, procureur au bailliage.

Ceux-ci promirent de s'acquitter fidèlement de leur
mandat, ils se chargèrent de présenter le cahier de
doléances à l'assemblée du bailliage de Saint-Omer
qui devait se tenir le 6 avril.

Elle dura le 6 et le 7 et réunit, outre les députés
de la ville, ceux des bourgs et paroisses compris
dans le ressort du bailliage. On donna acte aux com-
parants de leur comparution, on vérifia leurs pouvoirs, on reçut leur serment de procéder fidèlement
à la réunion en un seul des divers cahiers qu'avaient

apportés les députés, et à la réduction au quart
d'entre eux à l'effet de concourir, avec les députés
des autres bailliages, à la rédaction du cahier général et à la nomination des députés aux Etats-Généraux en l'assemblée générale qui devait se tenir à
Arras. Puis on rédigea le cahier du bailliage qui fut
peu différent de celui présenté le 30 et 31 mars au
nom de la ville et des faubourgs (1) ; et soixante-deux
députés furent élus (2).

La réunion des trois ordres à Arras fixée d'abord
au 13 avril avait été ajournée au lundi 20. Dans l'assemblée tenue à cette date, vingt-un commissaires
furent désignés à raison de trois par chaque bailliage pour rédiger le cahier définitif des doléances
du Tiers-Etat de la province et élire ses députés aux
Etats-Généraux. Le choix des électeurs du bailliage
de Saint-Omer tomba sur MM. Lemaire de Bellerive,
lieutenant-général, Marin, avocat à Saint-Omer et
Baude, laboureur à Saint-Omer-Capelle.

Le 23 avril MM. Brassart, avocat à Arras et Marin
firent lecture à l'assemblée du Tiers-Etat du projet
qu'ils avaient rédigé. il fut adopté à l'unanimité, définitivement rédigé et signé le 26 avril (3).

L'Ordre entier procéda le lendemain à la nomination de ses députés aux Etats-Généraux qui devaient
être au nombre de huit. L'avocat Marin disputa à
M. Louis-Joseph Boucher, négociant à Arras, la sep-
tième place, mais au troisième tour de scrutin ce der-

(1) Le cahier du bailliage de Saint-Omer a été analysé dans
l'ouvrage de M. Paris, *la Jeunesse de Robespierre,* déjà cité.

(2) Voir leurs noms dans l'ouvrage de M. Paris. Pièce justificative XC.

(3) *La Jeunesse de Robespierre* de M. Paris. Pièce justificative LII.

nier l'emporta. Aux Etats-Généraux de 1789 Saint-Omer fut donc représenté par suite des élections à plusieurs degrés que nous venons d'expliquer, mais aucun citoyen de la ville ne siégea dans cette assemblée (1) qui s'ouvrit le 5 mai.

On sait que le 17 juin le Tiers-Etat se constitua en assemblée nationale, et que le 27 le clergé et la noblesse se réunirent à lui.

(1) Les huit députés du Tiers-Etat de la province d'Artois furent MM. Payen, Brassart, Fleury, mort en novembre 1790 et remplacé par l'abbé Michaut, Robespierre, Petit, Boucher et Dubuisson d'Inchy.

PIÈCES JUSTIFICATIVES

I

2me dimanche après Pâques 1308

Procuration de la commune de Saint-Omer aux États-Généraux de 1308.

Excellentissimo principi domino Philippo, Dei gratia Regi Francorum illustri, maior, scabini et jurati ville Sancti Audomari, in eo fideliter regnare qui regibus dat gloriam et honorem Celsitudini vestre Notum facimus quod nos de mandato vestro speciali nobis directo, mittimus Turones Symonem Vastrel, Johannem de Arkes et Egidium de Atrio, comburgenses nostros, latores presentium qui celsitudini vestre assistant, nostre communitatis nomine, ad ea que in negotiis regni fuerint oportuna. In cujus rei testimonium, presentibus litteris sigillum nostrum duximus apponendum. Actum apud Sanctum Audomarum, anno Domini millesimo tricentesimo octavo, dominica qua cantatur Misericordia Domini (1).

(Archives nationales, I. 415-41.)

(1) Il était d'usage autrefois dans l'Eglise de désigner certains dimanches de l'année par le premier mot de l'introït chanté ce jour-là ; tels sont encore les dimanches de Reminiscere, Oculi, Lætare, Quasimodo. Par analogie on peut conclure que « *Dominica qua cantatur Misericordia Domini* » est le deuxième dimanche après Pâques.

II

7 novembre 1346

Convocation à Amiens.

De par le Roy. — Nos bien amez, nous vous faisons sauoir que plusieurs des Gens des Compaignes de notre Royaume qui sont en Normandie et ailleurs en plusieurs parties de deçà, ont envoyé par devers notre très cher et ainsné fils le Duc de Normandie, Dauphin de Vienne, en li requérant qu'il leur feist amender et adrecer plusieurs griefs et domaiges que plusieurs de notre dit Royaume leur avoient fais, et par ainsi ils traitteroient volentiers à notre dit fils de eulx partir hors de notre dit Royaume sans jamais rien y meffaire, pour laquelle chose nous avons envoié Lettres de commission à notre dit fils pour traictier avecq lesdites Compaignes. Lequel traictié nous doit estre rapporté à Amiens, au jour de la Saint-André prochain venant, et pour ce, à l'aide de Dieu, avons emprins destre ausdis jour et lieu, et y auoir avec nous plusieurs de notre lignaige, prélas, Barons, vous et plusieurs autres bonnes villes de notre dit Royaume, pour avoir conseil et avis sur ledit traittié et pour veoir s'il sera profitable à tenir, ou autrement y pourveoir par voye de guerre. Si vous mandons et enjoignons estroictement que ausdis jour et lieu vous soyez, toutes excusations cessans et besoignes arrière mises, tous avisez et conseillez de dire votre bon avis et faire tout ce qu'il appartendra à faire sur les choses dessus dites, et gardez comment qu'il soit que en ce n'ait faute. — Donné à Compiègne le vij jour de novembre.

Signé ROUGEMENT. — Et par sousscription sur une bande de parchemin y attachée est écrit :

« à Nos amez et féaulx les Maire et Echevins Bourgeois » et habitans de la ville de Saint-Omer. »

(Arch. municip. de St-Omer, AB. IX.)

III

1420

Etats-Généraux tenus à Paris en décembre 1420.

Le vingt-huitième jour (octobre iiij° vingt) à heure de grand'messe, Coppin dehemart, chevaucheur de l'écurie du Roi, baillia lettres closes du Roy soubz son scel secret, à Messieurs, addrechiees aux gens d'Eglise, Bourgeois et habitans de ceste ville, lesquelles furent ouvertes par M. le Prevost es Cappitre et par mesd. Sᵣˢ, contenant que pour le bien de ce Royaume et des monnoies ils envoyassent un notable d'eulx à Paris au lendemain de la St-Martin. — Escript à Corbueil le premier jour d'octobre ; et lui furent baillées lettres de Recepissé soubz les seaulx de Mons. le Prevost et de le ville. Et si lui firent bailler Messᵣˢ un mouton d'or.

Le troisième jour p., Messieurs tous présens, présent M. le Bailly, Prevost es Cappitre de St-Omer furent sommés de eslire et nommer avec Messᵣˢ Mayeur et Echevins pour le ville, personnes à envoyer aud. mandement ; lesquels en furent reffusans et dirent qu'ils y envoieroient particulièrement. Et les Religieux de St-Bertin accordèrent faire avec Messᵣˢ, priant qu'ils y envoyassent telles personnes que bon leur sembleroit, car ilz n'en avoient nulz que envoyer y peussent, et que volentiers eux Religieux contriburoient aux dépenses selon leur porcion ; et pour ce mesd. sieurs ordennerent y alles : maistre Nicole de Faulst conseiller de le ville et desd. Religieux, Sire Jacques De le Desuerene et messire Sussaint Legier, et portâmes pooir et procuration pour conseiller délibérer et conclure en l'assemblée etc., soulz les seaulx de prieux et couvent de St-Bertin vacant d'abbé, et soubz le scel aux causes de le ville.

Et partimes à huit chevaux le viiᵉ jour et retournâmes le xxix de décembre, ainsi demeurames aud. voyage pour

Liij jours, car les Rois de France et d'Angleterre ne vinrent à Paris jusques au premier diemence de l'avent qui
fut premier jour de Décembre, et le vendredi en suivant en
le sale du Roy à St-Pol, là assamblez plusieurs Prélas
nobles et commis et députés des gens d'Eglise et bonnes
villes de ce royaume, par la bouche de Monsr maistre Jehan
LeClerc chancelier de France, lesd. Roys présens les Ducs
de Clarence, de Betfort frères du Roy d'Engleterre,
mons^{gr} de Bourgogne, le duc de Glocester oncle du Roy
d'Angleterre et plusieurs autres S^{rs}, furent remonstrées les
causes de l'assemblée, est a scavoir pour remettre sus justice, pour pourveoir aux monnoyes, et pour aidier à l'Estat
et gouvernement du Roy qui n'a aucunes finances. Sur ce
furent après plusieurs assemblées tant chacune province à
part, est a scavoir ceulx du Province de Rains ensemble,
ceux du Province de Lyon ensemble, ceux du Province de
Sens ensemble, car plus n'en y avoit par devers le Roy, et
finallement déclaira le Roy par cédule comment il enten-
doit à pourveoir au fait de la Justice, et de fait commist
tous nouveaux Baillis clers en chacun Bailliage, sauf ez
Bailliage de Tournay, de Vitry et de Macon, là ou il commist chevaliers et Escuyers pour ce que c'est ès extrèmités
du Royaume, et si commist Chevaliers notables pour faire
wider et justicier pillars et voléurs, et abattre forteresses
inutiles se mestier estoit. Item bailla par cédule et ordonna
a faire monnoye nouvelle, est asscavoir deniers d'or fin de
xxiiij caras à un quart de remède les lxvi pesant le marc
de Paris, dont il donna au marchand lxiiij pour marc ;
ainsi lui en demoura deux deniers (?) avec led. remède
pour salaire du maistre ouvriers et officiers ; et deniers
d'argent gros de xvi ^d parisis et demy gros de viii ^d p. et
autre monnoye par dessoubt à xi ^d xii grains d'aloy et de
vii ^s ii ^d et i quart de denier de pois au marc de Paris, et
vaulra le marc vii lb viii ^s p., dont le Roy donna au marchand vii lb ainsy luy en demoura viii ^s du marc pour
brassage. Et pour ce que le Roy n'avoit droit ce faire sans
l'aide du Peuple, par l'accord des 3 Estats, il ordonna

qu'il envoyeroit commissaires pour les pays et bonnes villes pour cueillir des gens d'Eglise, nobles, bourgeois et autres puissans, vaisselle d'argent en nom de prest, à porter led. vaisselle aux prochaines forges des lieux où elle seroit cueillie, et si furent accordées et cremises sus les aides, telles que en les solloit cueillir en chacune Marche, pour un an, commenchant au premier jour de février prochain venant, à leuer tout au prouffit du Roy, pour convertir en ses affaires ; sauf que sur grains et farines et sur menues coses que les gens du plat pays apportent vendre aux bonnes villes rien ne se leveroit.

Extrait des Registres des Délibérations de MM. les Mayeurs et Echevins de la ville et cité de St-Omer. Reg. X f°s O et G.

IV.

7 juin 1427

Assemblée des quatre membres de la Flandre et des trois Etats d'Artois à Valenciennes.

Le xxviij° jour de may iiii° xxvij partirent Monsr le mayeur sire Eustache de Morcamp france, A. de Vissóc, Rebecq et Beutin à aller à led. journée de Valenciennes ; lesquels retournèrent le sept de juin nuit de Penthecôte ensuivant, et relatèrent comment sur la requeste de Mons^{gr} et prinse, le remonstration des Députés des quatre membres de Flandres et des trois Etats d'Artois, tous prélas et gens d'église nobles des bonnes villes du pays du haynaut d'un accord et bonne volonté avoient baillé et ordonné à mond. S^r le gouvernement dud. pays jusqu'à ce que dame Jaque de Bavière (1), dame héritière dud. pays, dont mond. S^r est héritier apparent, cessera à se nommer femme du duc

(1) Jacqueline de Bavière, fille de Guillaume VI, comte de Hollande, et de Marguerite de Bourgogne.

3

de Glocestre, renoncera à toute l'alliance dud. Duc, et se
gouvernera par l'avis dud. mons' le Duc, et des trois Etats
de ses pais de Haynaut, de Zélande et de Hollande en tant
qu'elle n'aroit enfans légitimes, lesd. de haynaut ont déjà
reçu mond. sieur comme a vray S' héritier dud. pays,
sauve la vie d'Elle.

> Extrait des *Registres des Délibérations* de
> MM. les Mayeur et Echevins de la ville et cité
> de St-Omer. Reg. A f° Vɪɪj xx XIX.

1555

Etats généraux tenus à Bruxelles. — Abdication de Charles-Quint. (1)

V

21 février et 24 mars 1555

Le xxjᵉ jour du moys de février 1555, Hercule Le Reverse a esté par MMʳˢ de cest an et dix jurés depputé pour
soy trouver aux Estats à Bruxelles au nom de ceste ville
le premier jour de Mars prochain venant.

Le xxɪɪɪj mars xv° ʟv MM. des deux années et dix jurés
pour la communaulté asscavoir : monsʳ de l'Espinoy, L'âne,
Dutertre, Haffrenghes, Duval, Pruvost, Reverse, de cest
an ; Delf, Boullengier, Questre, de Poix, Heuchin, Cho-
quel de l'an passé ; Longuenesse, Malbrancq, Lhoste, An-
drieu, Delnort et Bouchiu, dix jurés, assemblez en ceste
chambre, icelluy Reverse leur a faict rapport comme par
leur chierge et ordonnance il s'estoit transporté en la ville
de Bruxelles aux Estats illecq convocquiez par la Majesté
Royalle au premier jour du présent mois, et que se trou-
vant illecq aud. jour avecq aultres Députtez de ce pays
d'Arthois se transportèrent par ensemble, au retour du

(1) 3 pièces, V, VI et VII.

Roy d'Anvers aud. Bruxelles qui fut le ve de ce mois, vers
Mons^{gr} d'Arras luy supplier avoir les affaires de ce pays
d'Arthoys comme il avoit toujours eu ; lequel avoit faict
repon^{se} qu'il se y sentoit assez obleigié, promectant leur
faire toute assistence à luy possible, dont ilz le remerchie-
rent humblement et de la bonne affection qu'il a toujours
portée aux affaires du pays, et ce faict rethirans de lui,
fust dict par led. S^{gr} qu'ils n'aueroient si briefve despêche
qu'ilz estimoient etc…., et ce faict lesd. députtez desd.
Estats furent advertis et sommés de la part de S. M. eulx
trouver à l'assemblée des Estats au xij^e du présent mois
trois heures actendant quatre en la grande salle à Bruxelles, où sad. majesté s'estoit trouvée en personne, et en sa
présence fut proposé par Mgr de Bruxelles, conseiller d'estat
de S. M. comme l'en estoit soufflsamment adverti que Sa
Majesté impériale, pour le bon amour et singulière affection qu'il avoit toujours porté au Roy d'Angleterre, son
filz, et aussi pour son indisposition corporelle, s'estoit des-
hérité de tous ses pays patrimoniaux au prouffict dud. S^{gr}
Roy son fils au moyen que pour sa débilité ne pooit plus
vacghier aux armes, ne soustenir les peines et traveilz nécessaires pour le gouvernement, conservation et deffense
de ses pays, desquelz il en laissoit toute le cherge aud.
Seig^r Roy son fils, qu'il cognoissoit et espéroit faire tout
debvoir et acquit de bon Prince vers ses subiects, comme
il avoit entrepris et accepté le cherge ; toutesfois que a son
premier avenement avoit trouvé sesd. pays en grosses
guerres, allencontre du Roy Franchois, son ancien enne-
my ; par le moyen desquelles se trouvoit chergié de grosses
debtes et sommes de deniers, meismes ses domaines obleic-
giez plus qu'elles ne vallent : et aussi que à la Gendar-
merie estoit deu plus de cent millions pour la continuation
d'icelle guerre, et de sy longue durée ; A quoi S. M.
royalle désiroit donner ordre ; tellement que par bonnes
communications faites de la part dud. S^{gr}, Roy de Franche,
avecq le S^{gr} de Lallain, commis par S. M. comme Prince
de paix, avoit par meure délibération de conseil tant des

Chevaliers de l'Ordre (1) comme aultres, trouvé expédient
pour le bien repos et tranquillité de la chrétienneté de con-
descendre à une tresve de chincq ans, et que pour ceste
cause, estoit nécessaire recouvrer deniers à fournir le paie-
ment d'iceulx gens de guerre, lesquelz durant cette guerre
avoient esté entretenus pour la garde et défense du Pays,
paravant leur cassement : En considération de quoy et de
l'excessive somme deue aux gens de guerre S. M. faisoit
demande générallement à tous les Estats du centiesme denier de la vallue des immeubles et du cinquantième denier
de la négociation de marchandises ; Disant que ce se pourroit assez facillement collecter, présupposant que libéralle-
ment seroit accordé la première demande que S. M. faisoit
auxd. Estats, et que comme bons et léaulx subiects, on
assisteroit S. M. en chose si urgente et nécessaire, en
regard que pour le présent il remect ses pays en tresves et
abstinences de guerre, par le moyen de laquelle se pourroit
trouver une bonne et sincère et perpétuelle paix au bien et
repos de la chrestienté et de ses vassaux, priant que chacun
se vaulsist en cest endroict évertuer, comme de sa part il
esperoit faire pour toujours entretenir ses pays et subiects
en paix ; Et pour ce que sur telle demande avoit esté prins
jour de retraict Arras où S. M. avoit ordonné se trouver
pour avecq les aultres des Estats de ce pays d'Arthoys y
convocquez pour le xxix du présent mois de conclure sur
icelle demande pour en rendre résolution à S. M. en la
ville de Bruxelles au xij d'avril prochain venant, M. Sé-
bastien Hannedouche, Licenciez ez lois, conseiller principal
de cette ville a esté Depputé pour ceste ville aud. jour
Arras,

> Extrait du *Registre aux Délibérations* de
> MM. les Mayeur et Echevins de la ville et cité
> de St-Omer. I, f° 104 V^so *ad calcem.*

(1) Il s'agit des chevaliers de l'Ordre de la Toison d'Or.

VI

6 octobre 1555

Le Conseiller principal retourné des Etats d'Artois où il
avoit été envoyé a fait rapport à Mesdits Sieurs que de la
part de l'Empereur et par Monseigneur de Bugnicourt
avoit été proposé que Sa Majesté, tant pour son indisposition que pour aultres raisonnables causes ne pooit plus entendre ni vacqhier aux affaires de guerre, ny au gouvernement de ses Pays de par decha, et que à ceste cause il
s'estoit délibéré de soy en depporter et absolutement le tout
résigner et transporter au Roy d'Angleterre son fils, pour
doresnavant par lui le tout estre régy, conduict et gouverné, et que pour veoir effectuer la dicte résignation, on
euist à envoyer certains Députtez en la ville de Bruxelles
au quatorzième jour du présent moys (1), où il avoit inten-
tion faire evocquier tous ceulx des Etats de ses aultres pays
d'embas aux fins que dessus, et que ce faict Sa Majesté
s'estoit arrestée de visiter ses royaulmes d'Espaignes et
illecq résider : Sieuvant quoy, mesd. sieurs ont député
pour ceste ville sire Jehan de Bersaques, eschevin, et au
surplus a aussy led. conseillier déclaré à mesd. sieurs que,
lad. proposition finie, iceluy sieur de Bugnicourt avoit
entré en propos du différent estant entre ceulx des Estats
pour le faict du recueil des dix mille livres accordées à
Sa Majesté à la dernière assemblée que ceulx de l'Eglise
et nobles prétendoient recueillier sur l'impost precedens de
la vendicion et distribucion des bierres et vins mis aulx
tavernes et cabarets, seulement et par ceulx des villes
soustenant le contraire et que lesd. dix mille livres se
debvoient généralement prendre sur tous les deniers procé-
dans dud. impost sans personne exempter, et que sur ce
avoit esté respondu aud. S^r que l'on n'estoit assemblé ni

(1) L'assemblée dans laquelle Charles-Quint abdiqua ne se
tint que le 25 octobre.

évocquiez pour rétrotracter, changier ou altérer l'arrest et
ce que déterminé avoit esté touchant le recœuil d'iceulx
deniers, et que dud. different on s'en actendroit à ce que
par Sa Majesté en pourroit estre appoinctié, espérant que
par luy, oy les raisons que les villes pourront alleghuier
et lui remonstrer, en serat ordonné en raison. Faict en
halle le sixième d'octobre quinze cent cinquante cinq par
Messrs des deux années et dix jurés pour la Communaulté,
asscavoir : Mons. de Floyecques, Delf, Slinghes, Bersaques, Boullengier, Questre, de Poix, Villeron, Lequief,
et Fleschin, de cest an : Mons. d'Allewaingne, Heuchin
Bramme, Daniel, Nef, Prevost, Salperwicq, Vasseur, Dutertre, Haffrenghes, de l'an passé; Canteleu, Brunet, de
Lattre, Peulu, Castelain, de Busnef, Caudwel, dix jurez
pour la Communaulté.

> Extrait des *Registres des Délibérations* des
> Mayeur et Echevins de la ville et cité de St-
> Omer. Registre I, f° 55.

VII

4 novembre 1555

Sire Jehan de Bersaques retourné des Etats de Bruxelles
où il avoit esté envoyé (1) a faict rapport à Messrs que le
xxv du mois dernier en la présence de l'Archiduc d'Aus-
trice, le Evêque de Cleves et plussieurs aultres Prinches
et seigneurs ensemble de tous les Estats de ses pays d'embas
convocquiez transport a esté faict à son fils, Roy d'Angleterre, présent et ce acceptant tous ses pays d'embas, le
mectant en possession actuelle pour dud. jour en avant en
joyr, proufficter et en avoir la charge, gouvernement et
générale administration, tout ainsi et par la manière qu'il
euist pœult avoir après le trespas dud. Seigneur Empereur

(1) Par deliberation du corps municipal, meme registe I f° 94.

et que sieuvant led. transport, icelluy Roy feist le serment aux Estats généraux d'Arthois comme il s'enssieult.

Nous, Philippe par la grace de Dieu Roy d'Engleterre, de Franche, de Naples et archiduc d'Austriee, Duc de Bourgoingne, de Millam etc. De la cession et transport que l'Empereur Monseigneur et Prince d'iceulx, promectons et jurons à vous Messrs, representant les trois Etats de nostre pays et Comté d'Artois et par iceulx deputés et auctorisés de nous recepvoir après la cession dessusd. pour vostre Seigneur et Prince, que doresnavant nous entretiendrons comme à nostre réception avons juré et promis en général et particulier tant aux villes et cités d'Arras, Sainct-Omer, Aire et Béthune et généralement à toutes aultres villes de nostred. pays et Comté d'Arthoys (1) et comme en vertu de nostre présent serment serions tenu et oblegié après le trespas de mond. Seigneur et père, et généralement de faire tout ce a quoy ung bon seigneur et Prince est tenu et obleigé : bien entendu que sieuvant vostred. pouvoir vous ferez serment réciprocque en nos mains ou nom desd. Estats d'Arthois de aussi tenir et observer tout ce que de la part d'iceulx nous a esté promis et en généraulx et en particulier et comme après le trespas de mond. S^{gr} et père seriez tenus et obleigiez, et conséquem^t nous recepvons dez maintenant et tenir d'ichy en avant pour vostre Seigneur et Prince. Ainsy me ayde Dieu et tous ses saints.

Et que ce fait, les Depputez d'iceulx Estats luy feirent le serment réciprocque et tel qu'il s'enssuit :

Nous, messire Antoine Perrenot, evesque d'Arras, Guérard d'Emericourt abbé de St Bertin, Jehan de Fachin abbé de St Jehan au Mont ; Me Franchois de Bordet, chanoine d'Arras, et Martin de Telly chanoine de St Omer ; Messire Ponthus de Lallain, chevalier ; seigneur de Bugnicourt, gouverneur général d'Arthois ; Messire Maximi-

(1) En 1549 Charles-Quint avait fait reconnaître son fils Seigneur suzerain des Comtés de Flandre et d'Artois et l'avait présenté à diverses villes ; le jeune prince avait alors prononcé les serments d'usage.

lieu de Melun chevalier, vicomte de Gand, Gouverneur des ville et cité d'Arras; Messire Gilles de Lens, ch^r, seigneur d'Aix, Messire Pierre de Berghes, ch^{er}, seign^r de Ollain, Messire Franchois de Gosson, ch^r seign^r de Halloy ; m. Pierre de Courcol escuyer seign^r de Doucy, et Bauduin Lenglet, eschevin de la ville d'Arras ; Et Me Charles Dumont-St Eloy, conseiller d'icelle ville ; Jehan de Bersaques écuyer, eschevin dud. St Omer, et Me Anthoine Carpentier, docteur en médecine, eschevin de la ville de Béthune, Députés des trois Estats d'Arthois, ayant esté présens à la cession et transport que l'Empereur, nostre Seigneur, a faict de ses pays patrimoniaulx et aultres de par decha à son fils le Roy d'Angleterre, nostre souverain seigneur et Prince naturel icy présent, et oy le serment que après icelle cession led. Seigneur Roy nous a faict de entretenir et observer tout ce que à sa réception il a juré et promis tant en général que particulier et comme il seroit tenu et oblegiez après le trespas dud. Seign^r Empereur, son père, moyennant que ferions à Sa Majesté royale serment réciproque et le recepvrions à Seigneur et Prince siévant notre pooir ; prommectons et jurons, au nom et de la part desd. trois Etats et en vertu du pooir qu'ils nous en ont donné, que serons doresnavant aud. Seigneur Roy bons et léaulx subjects et feront inviolablement tout ce que de la part desd. trois Etats a esté promis et juré à Sa Majesté au jour de sa réception, et comme après le trespas de la Majesté imperialle serions tenus et oblegiez faire, et conséquemment le acceptons dès maintenant pour nostre Seigneur et Prince.

Ainsy nous aydé Dieu et tous ses saints.

Faict en halle le iiij^e de novembre XVe LV.

Extrait du Registre aux Délibérations de
MM. les Maïeur et Echevins de la ville et cité
de St-Omer. Reg. I f° 98.

Elections aux états généraux de 1789 (1)

VIII

30 et 31 mars

*Nomination par les divers représentants du Tiers-Etat
de St-Omer, de vingt députés à l'assemblée du bailliage du 6 avril.*

Aujourd'hui trente du mois de Mars mil sept cent
quatre vingt neuf à huit heures du matin en l'assemblée du
corps municipal de la ville et cité de St-Omer, convocquée
tant par publication à son de trompe et affiches que par des
avertissements particuliers par devant Nous Maieur et
Echevins de lad. ville et cité de St-Omer, sont comparus :
Messieurs :

Le Roy du prey et Defrance de Hélican, conseillers au
Bailliage, députés aud. bailliage de St-Omer.

MM. Deschamps conseiller et Marin Procureur, pour la
salle épiscopale

M. Vaneechout conseiller et le s^r Brasseur pour la Chatellenie de St-Omer

Mes Liborel et Personne, procureurs, pour les Procureurs
aux Bailliage et ville de St-Omer ;

Les sieurs Nicolas Joseph Lanose et Louis François Dominique Derysse, pour le siège des Vierskaires ;

Mes Ducrocq et Bouret, notaire, pour les notaires ;

MM. Decque et Bertin, médecins, pour les médecins ;

Le s^r André, ancien chirurgien major, pour les chirurgiens ;

Me Hermand Louis Bertin Marin, avocat, et Jacques François Vasseur, négociant, pour la Confrérie des Arba-
létriers ;

Les s^{rs} Nicolas Joseph Guilbert et Jean François Stoppe,
pour celle des Archers

(1) 2 pièces VIII et IX.

Les s^{rs} Claude Bugas et Ignace Joseph Stopin, pour celle
    des Arquebusiers ;
Jacques François d'Arras, pour les Avaleurs
Philippe de Meester pour les Bélandriers.
Le s^r Silvestre Joseph Aspelly et Charles Augustin Damart
    pour les Apotiquaires ;
Omer Vallé pour les Bouchers ;
Pierre François Joseph Wallart, pour les Boulangers
Sr Mathieu Joseph Delpierre, pour les Brasseurs
André Fayolle, pour les Brouëteurs ;
Jean Baptiste Le Blond, pour les Cabaretiers ;
Jacques Delannoy, pour les Chapelliers ;
Valentin Asseman, pour les Chaircutiers ;
Philipp Joseph Lejosne, pour les Chamoiseurs ;
Jean Baptiste Populaire, pour les Charbonniers ;
Antoine Delesse pour les Chartiers ;
Cornil Lothyoy pour les Charpentiers de batteaux ;
Paul Joseph Walleux, pour les Charpentiers,
Antoine Joseph Thumerel, pour les Chaudronniers ;
Fidèle Fournier, pour les Cordiers ;
Pierre Joseph François, pour les Cordonniers ;
Bruno François Joseph Danel, pour les Corroyeurs ;
Jacques Joseph Leu, pour les Couvreurs de thuiles ;
Claude Joseph Dubois, pour les Cuisiniers traiteurs ;
Jean Louis Bailly, pour les Frippiers ;
Le s^r Jean Billau, pour les Graissiers ;
Charles Honoré, pour les Manneliers ;
Augustin Joseph Moulin, pour les Menuisiers ;
Marc Joseph Fournier, pour les Portefaix ;
Jacques Barthelemy Danel, pour les Tanneurs ;
Henri Joseph Tubauville, pour les Tisserands ;
Marc Denis Lanose, pour les Tonneliers ;
Jean François Delpierre, pour les Maçons ;
Srs Jean Marie Lefevre et Augustin Joseph Coupran, pour
    les Marchands en détail ;
Jacques Fray, pour les Ménestriers ;
Charles Lanvin pour les Mesureurs de grains ;

Jacques Jude, pour les Meuniers ;
Edme Legaignau, pour les Orfèvres ;
Joachim Joseph Gavrel, pour les Perruquiers ;
Jacques Joseph Decque, pour les Poissonniers ;
Jacques Joseph Doucher, pour les Savetiers ;
Jean Baptiste Tanchon, pour les Maréchaux, Serruriers et
    Taillandiers ;
Jacques Dominique Derysse, pour les Tailleurs d'habits ;
Antoine Louy, pour les Tourneurs ;
Jacques Joseph Duriez, pour les Peintres et Vitriers ;
Mᵉ Jean François Buffin, Receveur des Domaines, Bertin
    Flandrin, maraicher, Jean Cathoire bélandrier ; et
    MMᵉˢ Crepin et Froidure, avocats, pour les habitants
    de cette ville et faubourgs qui ne se trouvent compris
    dans aucuns corps, communautés et corporations.

Tous demeurant dans cette dite ville et faubourgs et représentans des différentes Corporations, Corps et Communautés de cette ville et faubourgs, ainsi qu'il résulte des
actes de délibérations qu'ils nous ont exhibés ;

Lesquels, pour obéir aux ordres de Sa Majesté portés
par ses Lettres données à Versailles le vingt quatre janvier dernier pour la convocation et tenue des Etats généraux de ce Royaume, et satisfaire aux dispositions du Règlement y annexé ainsi qu'à l'ordonnance de Monsieur Le
Maire de Bellerive, lieutenant général du Bailliage de cette
ville, dont ils nous ont déclaré avoir une parfaite connaissance, tant par la lecture qui vient de leur en être faite
que par la lecture et publication cydevant faites aux prônes
des Paroisses de cette ville, et par les publications et affiches pareillement faites à l'issue des grandes messes au
devant de la porte principale des Eglises paroissiales, nous
ont déclaré s'être rendus en la présente assemblée, où ils
vont s'occuper en premier lieu de la rédaction de leur
cahier de doléances, plaintes et remontrances.

Et en effet, ayant vacqué deux jours tous ensemble, ils
nous ont représenté led. cahier qui a été signé par les comparans et par nous après l'avoir cotté par première et der-

nière pages et paraphé *ne varietur* au bas d'icelle.

Et de suite lesd. représentans, après avoir mûrement délibéré sur le choix des Députés qu'ils sont tenus de nommer, et en conformité des Lettres du Roi et du Réglement y annexé, et les voix ayant été par nous recueillies en la manière accoutumée, la pluralité des suffrages s'est réunie en faveur des sieurs :

Pierre Louis François de Laurétan, écuyer, mayeur ; M. Hermard Louis Bertin Marin avocat ; s^r Jacques François Vasseur, négociant, s^r Jean Marie Lefevre, marchand, s^r Mathieu Joseph Delpierre, brasseur ; Me François Joseph Crépin, avocat, Bruno François Danel, maître corroyeur ; s^r Augustin Joseph Couprant, marchand ; M. François Adrien Froidure, avocat ; Charles Augustin Damart apotiquaire, M^e ... Le Roi Duprey, conseiller aud. Bailliage, Me François Antoiné Boubert, avocat, s^r Jacque Joseph Decque, marchand poissonnier ; M^e ... Defrance de Hélican, conseiller au Bailliage ; le s^r Jean Billau, marchand, M. Louis Benoit Buret avocat, s^r Omer Vallé, maître boucher ; Me Jean Baptiste Personne procureur, le s^r .... André, ancien chirurgien major, et Me Jean Louis Marin, procureur aud. Bailliage ;

qui ont accepté lad. commission et promis de s'en acquitter fidèlement.

Lad. nomination des Députés ainsi faite, lesd. représentans ont, en notre présence remis auxd. sieurs le cahier afin de le porter à l'assemblée qui se tiendra le six avril prochain devant mondit sieur le Lieutenant général ; et leur ont donné tous les pouvoirs requis et nécessaires, à l'effet de représenter le tiers état de cette ville en lad. assemblée, pour toutes les opérations prescrites par l'ordonnance susd. de Monsieur le Lieutenant général, comme aussi d'y donner pouvoirs généraux et suffisans de proposer, remontrer, aviser et consentir tout ce qui peut concerner les besoins de l'Etat, la réforme des abbus, l'établissement d'un ordre fixe et durable dans toutes les parties de l'administration, la prospérité générale du

Royaume et de tous, et de chacun des sujets de Sa Majesté.

Et de leur part lesd. Députés se sont présentement chargés du cahier des doléances de leur ville et ont promis de le porter à lad. assemblée et de se conformer à tout ce qui est prescrit et ordonné par lesd. Lettres du Roi, le règlement y annexé, et l'ordonnance susdattée, desquelles nomination de Députés, remise de cahier, pouvoir et déclarations nous avons à tous les susd. comparans donné acte et avons signé avec eux notre présent procès-verbal ainsi que le Duplicata qui sera remis auxd. députés pour constater leurs pouvoirs, après avoir donné défaut contre les non comparans, et le présent sera déposé aux archives de cet hôtel de ville, ayant les nommés Cornil Lorthioy et Antoine Delesse déclaré ne savoir écrire de ce interpellés, et les autres ont signé.

Ainsi fait les trente et trente un Mars mil sept cent quatre vingt neuf.

Suivent les signatures des divers représentants.

Ainsy fait les trente et trente et un Mars mil sept cent quatre vingt neuf.

Suivent les signatures des s^rs :

Gaillart de Blairville Marc de St Pierre. N. J. Lorthioy, Boubert, Crepin, Max^en Broucq, Buret, Harache l'ainé, Buffin, Bachelet, Dupuis méd., Defrance de Hélican, Le Ch^er de Laurétan.

IX

31 mars 1789

Cahier de Doléances, plaintes et remontrances du tiers état de la ville et faubourgs de St Omer assemblé en l'hôtel de lad. ville le trente de mars mil sept cent quatre vingt neuf, neuf heures du matin, en exécution des lettres de convocation du vingt quatre janvier dernier.

Les Députés du tiers État de la Province d'Artois aux

Etats généraux seront chargés de former les demandes suivantes :

1°. Que les suffrages seront recueillis par tête dans les trois ordres pour que le tiers Etat ait une influence égale aux deux autres ordres réunis.

2°. Qu'il soit arrêté dans lad. assemblée que le Royaume de France est un Etat purement Monarchique, gouverné par un seul souverain suivant des loix fondamentales qui obligent ses sujets envers lui comme elles l'obligent envers eux.

3. Que les Etats généraux du Royaume seront assemblés à des époques fixes et déterminés par eux-mêmes sauf au Souverain à les assembler toutes les fois que les besoins du royaume l'exigeront. Et attendu le long intervalle qui s'est écoulé depuis leur dernière tenue, insister pour qu'ils soient de nouveau assemblés au plus tard dans trois ans.

4. D'assurer la liberté individuelle étant le premier des biens comme le plus inviolable des droits, les lettres de cachet et autres ordres arbitraires soient abolis et les prisons d'Etat supprimés, en sorte que personne ne puisse être arrêté si ce n'est en vertu d'un décret de Juge ordinaire, sauf les cas expressement prévus par les loix.

5. Qu'il soit défendu à toute autre personne que celle prêtant main-forte à justice, soit officier, soldat, exempt ou autre, d'attenter à la liberté d'aucun citoyen en vertu de quelque ordre que ce puisse être, sous peine de mort ou au moins de punition corporelle ainsi qu'elle sera déterminée par les Etats généraux et prononcée par les juges ordinaires. Et dans tous les cas où il sera décidé par les juges que la privation de la liberté est contraire à la loy, ceux qui l'auront sollicitée ou qui en auront donné l'ordre seront condamnés aux dommages et intérêts des parties, ou en telle peine qui sera déterminée par la loi à porter sur ce point.

6. La liberté de publier ses opinions faisant partie de la liberté individuelle, puisque l'homme ne peut être libre quand sa pensée est esclave, la liberté de la Presse sera

accordée indéfiniment en mettant par les auteurs ou imprimeurs leurs noms à tous les ouvrages qu'ils publieront.

7. Le respect le plus absolu pour toutes lettres confiées à la poste sera pareillement ordonné, on prendra les moyens les plus sûrs d'empêcher qu'il n'y soit porté atteinte.

8. Tout droit de propriété sera inviolable et nul n'en pourra être privé même à raison de l'intérêt public qu'il n'en soit dédommagé au plus haut prix et sans délai.

9. Nul impot ne sera légal et ne pourra être perçu qu'autant qu'il aura été librement consenti par la nation dans l'assemblée des Etats généraux et lesd. Etats ne pourront les consentir que pour un tems limité et jusqu'à la prochaine tenue des Etats généraux, et le terme fixé étant arrivé, les impots ainsi accordés ne pourront plus être perçus sous quelque prétexte que ce soit.

10. Les Etats généraux du royaume arrêteront le montant de la Dette nationale et s'occuperont des moyens de l'acquitter, ainsi que de ceux à mettre en usage pour faire face aux suppressions qui seront jugées nécessaires, détermineront la nature des impots qui seront à l'avenir perçus en supprimant ceux qui pèsent particulièrement sur le peuple et les remplaçant par d'autres qui peuvent être pris sur des objets de luxe.

11. Il ne pourra aussi être fait aucun emprunt que du consentement de la nation assemblée.

12. Tout impot consenti sera généralement également réparti et supporté indistinctement par tous les ordres du royaume, même par les créanciers de l'Etat.

13. Il ne sera consenti aucun impot qu'après avoir reconnu la dette nationale et après avoir vérifié les revenus et les dépenses du royaume.

14. Les Ministres seront comptables et responsables aux Etats généraux de leur conduite et de leur administration.

15. Le compte de finances du royaume sera rendu public chaque année par la voie de l'impression; il en sera de même des comptes des Etats de Provinces, des administrations Provinciales et des villes.

16. Les Etats généraux s'occuperont des moyens d'économiser dans les diverses parties de l'administration, soit en supprimant ou réduisant nombre des officiers généraux ou subalternes employés dans les Départemens, soit en supprimant ou réduisant les pensions dont l'Etat est actuellement grevé et en prenant les précautions nécessaires pour que la masse totale des pensions et gratifications n'excède jamais à l'avenir une somme que les Etats généraux fixeront.

17. Les Etats généraux détermineront pour quelle part chaque province devra contribuer dans les impots qui seront consentis, et la répartition et perception en seront laissées aux Etats Provinciaux et assemblées Provinciales.

18. Pour parvenir à l'extinction de la dette nationale, la loi qui a déclaré le Domaine de la couronne inaliénable sera modifiée en conséquence, il sera procédé à l'aliénation irrévocable de tous les petits domaines et même des seigneuries particulières, soit par la voie de vente, accensement ou inféodation, et l'irrévocabilité de ces aliénations sera garantie par la nation.

19. Les Etats Provinciaux seront chargés de l'administration des Domaines qui ne seront pas susceptibles d'aliénation : les coupes des forêts s'adjugeront par devant les juges ordinaires sur les poursuites du Receveur desd. Etats à l'intervention des Procureurs du Roi, et ces adjudications se feront au plus offrant et dernier enchérisseur, ou par la voie de rabais au premier disant.

20. Toutes loix portées sur les demandes des Etats généraux ne pourront être changées, modifiées, réformées et révoqués que du consentement des mêmes Etats et devront être registrées purement et simplement par les Cours souveraines du royaume.

21. Les Codes civils et criminels seront réformés dans toutes leurs dispositions qui pourraient être défectueuses.

22. Demander une loix qui répute banqueroutier frauduleux et poursuivable par le ministère public tout marchand ou négociant qui, après avoir perdu ou consommé sa

fortune, continue ses opérations de commerce sur son crédit pour ne déposer son bilan que plusieurs années après sa ruine et quand la masse de ses dettes et de ses engagements ont épuisé son crédit.

23. Tout titulaire de Bénéfices requérant résidence ne pourra s'absenter plus de trois mois chaque année du lieu de sa résidence : ce terme écoulé, les fruits et revenus temporels de leurs bénéfices seront saisis à la requête des Procureurs du Roi du siége dans lequel le bénéfice est situé pour être perçus pendant cette année par le Receveur de l'administration des pauvres de la paroisse, au soulagement desquels ils seront appliqués.

24. Les particuliers administrateurs laïcs, ecclésiastiques réguliers ou séculiers, pourront faire des baux pour le tems de neuf, dix-huit ou vingt sept années, sans pouvoir être assujetis à payer aucun droit, soit au Roi, soit aux seigneurs particuliers ; néammoins les successeurs aux Bénéfices pourront se pourvoir en restitution en entier lorsque sur les baux faits par leurs prédécesseurs ils éprouveront une lézion du tiers au quart.

25. Demander l'abolition des loix *Œde* et *Emptorem* (1) au Code *Locato conducto*, liberté cependant laissée aux propriétaires des maisons qui servent à l'habitation de se réserver le droit d'user du bénéfice de la première de ces deux loix pour habiter eux-mêmes dans les cas par elle prévus.

(1) En vertu de la loi : *Œde*, le propriétaire avait le droit de faire résoudre le bail de sa maison s'il voulait l'occuper lui-même, il devait avertir le locataire suivant l'usage des lieux. La loi : *Emptorem* était l'application de cette règle : celui qui succédait à titre singulier à un héritage, n'était pas lié par le bail que le propriétaire antérieur avait pu faire de cet héritage ; ainsi l'acquisition d'une maison ou d'une métairie louée était une cause suffisante pour faire résilier un bail. Un grand nombre de coutumes reproduisaient ces lois. L'art. 1743 du Code civil n'accorde à l'acquéreur le droit d'expulser le preneur que si ce dernier n'a pas de bail ayant date certaine.

26. Toutes les peines établies par les loix seront infligées sans aucune distinction de rang ni d'état, en sorte qu'un ecclésiastique ou un noble sera puni de la même manière que le seroit un roturier qui se seroit rendu coupable du même délit.

27. La suppression de tous les tribunaux d'exception et d'attribution pour la connaissance des matières qui leur étoient attribuées, appartenir, comme par le passé, aux juges ordinaires.

28. Dans aucun cas il ne sera établi de commission extraordinaire pour connoitre d'aucuns procès civils et criminels entre quelques personnes et pour quelques délits que ce soit ; il ne sera non plus accordé aucune évocation pour suspendre ou arrêter le cours ou le jugement des instances, causes et procès pendans devant les tribunaux ordinaires. Le droit de *committimus* (1) du grand et du petit sceau et les lettres de garde gardienne seront supprimées et il ne sera rendu aucun arrêt de cassation si ce n'est pour les cas déterminés par les loix.

29. La suppression des intendans comme inutiles pour l'administration et onéreux aux provinces : et dans le cas

---

(1) *Committimus*. Privilège que le roi accordait à certaines personnes, telles que les officiers de la maison du roi, les evèques, les avocats au parlement de Paris, etc., etc., de faire juger leurs causes devant des juges particuliers. (Dalloz. rép. jur. t. 9 p. 149 V° Committimus). — Depuis l'établissement des petites chancelleries on avait distingué deux sortes de committimus, celui *au grand sceau,* celui *au petit sceau.* Ceux qui avaient droit de committimus au grand sceau pouvaient attirer à Paris aux requêtes du palais ou de l'hôtel toutes leurs causes personnelles, possessoires et mixtes, même quand elles étaient de nature à être portées devant des juges hors du ressort du parlement de Paris, pourvu qu'en ce dernier cas il fût question d'un objet ou indéterminé ou d'une valeur au-dessus de 1000 livres. Tous ceux qui avaient droit de committimus au grand sceau l'avaient au petit sceau, c'est-à-dire près des chancelleries des parlements. (V. Guyot, rép. jurisp. V° *Committimus.*) Ce droit a été supprimé par la loi des 6-7-11 septembre 1790 art. 12.

où il seroit cependant jugé qu'il fût nécessaire d'avoir un commissaire départi dans chaque généralité, il n'aura aucune espèce de jurisdiction contentieuse.

30. Les justices seigneuriales ne connoîtront plus à l'avenir d'aucune contestation, soit au civil, soit au criminel; elles auront seulement le droit d'accorder les saisines et dessaisines, d'apposer les scellés, de faire des inventaires s'ils en sont requis, de nommer des tuteurs et curateurs et de veiller au maintien de la police.

31. L'ordre des jurisdictions de la Province sera désormais constituée de manière qu'il n'y ait plus que deux degrés de jurisdiction, auquel effet le Conseil d'Artois sera juge d'appel souverain en toutes matières.

32. Les juges ordinaires de première instance connoîtront de toutes matières, même des cas royaux.

33. Supprimer la vénalité des offices de Judicature, pour les fonctions de Juges être à l'avenir remplies par des personnes choisies par des justiciables parmi les avocats qui auront exercé leur profession pendant au moins dix ans.

34. Les frais de procédures criminelles seront dorénavant supportés par le Domaine sans aucune répétition à la charge des Seigneurs.

35. Interdire toutes poursuites et recherches de la part de l'administrateur général des domaines en payement du droit d'amortissement et de celui d'indemnité pour les biens possédés par les gens de main morte antérieurement à l'Edit de 1749 (1).

(1) « AMORTISSEMENT. est une concession du roi faite aux gens
» de main-morte par laquelle S. M. leur permet de tenir et
» posséder des biens sans pouvoir être contraints d'en vuider
» leurs mains; et l'on nomme *droit d'amortissement* la finance
» qui doit être à cet effet payée au roi pour la validité de
» l'amortissement, et pour tenir lieu du dédommagement de la
» perte que souffrent l'Etat et le public par la sortie de ces
» biens du commerce. » (Dict⁶ des Domaines et droits domaniaux de Bosquet t° 1 p. 88 V° amortissement.)

L'édit du mois d'août 1749 était un règlement général pour

36. Les gens de main morte seront exempts du droit de nouvel acquêt et de tout autre droit pour construction nouvelle ou reconstruction de bâtimens, soit pour leur propre usage, soit pour donner en loyer, et sans que pour raison de ce ils soient tenus de faire aucune déclaration ni demander et obtenir aucune permission.

37. Le motif qui a fait établir le droit de franc fief (1) ne subsistant plus depuis que les roturiers sont, comme les nobles, astreints à faire le service militaire, ce droit doit être totalement supprimé comme injuste et injurieux au Tiers-Etat, et les préposés au recouvrement de ce droit ne pourront étendre leurs recherches au delà des quarante années qui précèderont la loi qui prononcera la suppression demandée, en sorte que toute personne qui justifiera être en possession d'un fief depuis quarante ans, soit par elle même, ou par ceux dont elle l'aura hérité, en sera par cela seul exempte conformément à l'article 194 de la Coutume générale d'Artois.

38. Supprimer l'ensaisinement royal (2).

tout le royaume en vertu duquel les gens de main morte, sans exception, ne pouvaient plus acquérir aucun bien immeuble ni même des rentes foncières ou constituées sur des particuliers, qu'en vertu de lettres patentes enregistrées. On leur avait laissé seulement la faculté d'acquérir et de recevoir des rentes sur le roi, sur le clergé, sur les pays d'Etats et sur les communautés sans lettres patentes. Les dispositions principales de cet édit avaient été empruntées à celles de la déclaration royale du 9 juillet 1730 relatives aux provinces de Flandre. (V. Guyot, rep. jurisp. V° Amortissement.)

Le droit d'amortissement fut supprimé par l'art. 1er de la loi des 5-19 décembre 1790 sur l'Enregistrement.

(1) « *Franc-Fief*. — Le droit de franc-fief est une finance qui » ne s'exige que sur les roturiers ou non nobles à cause des » fiefs et autres biens nobles qu'ils possèdent. » (Traité du Domaine par Lefebvre de la Planche t. I p. 430). Il a été supprimé par la loi des 5-19 décembre 1790.

(2) « *Ensaisinement* des mutations de propriété des biens » mouvants du roi ; est une formalité dont le motif a été de

39. La suppression de toutes les amendes coutumières et de police, sauf néanmoins aux juges à en prononcer selon l'exigence des cas et d'en faire l'application qu'ils trouveront convenable.

40. Les receveurs des Domaines et finances, contrôleurs, vérificateurs, et autres employés sous quelque dénomination que ce soit, ne pourront faire aucune recherche dans les dépots publics d'actes judiciaires ou volontaires, non plus que dans les archives des communautés laïques ou ecclésiastiques régulières ou séculières.

41. La suppression des huit et dix sols pour livre qui se perçoivent sur les droits de greffes et autres, comme de peu de rapport et dispendieux pour leur perception.

42. Suppression de toutes espèces de droit sur les cuirs et peaux fabriqués dans le royaume, comme aussi sur ceux venant bruts de l'étranger; ainsi que ceux sur les papiers et cartons, les huiles et l'amidon.

43. Supprimer les droits qui se perçoivent aux entrées du Royaume sur les matières premières propres à la fabrication venant de l'étranger et prohiber à la sortie du royaume des mêmes matières.

44. Attendu que la Province d'A. tois contribue aux charges de l'Etat en proportion de ses richesses au moyen des sommes qu'elle verse chaque année dans le trésor royal, les droits d'entrée et de sortie qui se perçoivent sur plusieurs marchandises et denrées qui entrent en cette province et en sortent formant un double emploi aussi onéreux qu'injuste, raison qui doit nécessiter la suppression de ces droits.

45. Les Etats généraux s'occuperont de l'examen du dernier traité de commerce fait avec l'Angleterre et aviseront aux moyens de le faire corriger dans les points qui

» conserver les directes et mouvances du roi, par la connais-
» sance des mutations qui arrivent du chef des détenteurs des
» biens tenus desd. directes et mouvances, et de parvenir au
» renouvellement des terriers. » (Dict^{re} des Domaines de Bosquet t° II.)

peuvent être désavantageux au commerce du royaume.

46. Il n'y aura plus à l'avenir qu'une même mesure, même aune, et même pied dans tout le royaume.

47. Abolition du droit d'issue pour les regnicoles.

48. Abolition également de toutes espèces de corvées, des droits de tonlieu et de bannalité appartenant tant au roi qu'aux Etats et aux Villes.

49. Attendu que les Etats de la Province sont chargés de la confection et entretien des grandes routes qui la traversent, il doit être perm,s à toutes personnes d'y voyager dans des voitures particulières à elles appartenantes ou prises en loyer sans pouvoir être assujeties à payer aucun droit au fermier des Messageries.

50. Les commendes (1) seront supprimées.

51. Les membres du Tiers-Etat seront habiles à parvenir à toutes les dignités ecclésiastiques et à tous emplois ou grades militaires de terre et de mer comme les membres de la Noblesse, ils seront également habiles à posséder toutes charges de magistrature.

52. La Noblesse ne pourra plus s'acquérir par charge à prix d'argent et Sa Majesté sera suppliée de n'accorder des lettres de noblesse que pour services signalés rendus à l'Etat.

53. Demander une loi qui ordonne le partage égal des fiefs en succession roturière, sauf à l'aîné à retenir la totalité des fiefs seigneuriaux en fournissant à chacun de ses cohéritiers sa cotte part soit en argent soit en immeubles de la même succession, et les anciens manoirs cottiers dévolus sous quelques coutumes de l'Artois à l'aîné seront aussi partagés également dans les successions.

54. Demander aussi une loi qui dispense pour l'aliénation des fiefs patrimoniaux des formalités prescrites par la coutume.

(1) « On nomme, *commende,* la possession d'un bénéfice régu-
» lier que le pape donne à un ecclésiastique séculier, à l'effet
» de disposer des fruits de ce bénéfice, pendant sa vie. » (Denisart, coll⁰ⁿ de jurisp.)

55. Les Etats particuliers d'Artois seront organisés de la même manière que les Etats généraux du royaume, en sorte que le Tiers-Etat sera en nombre égal à celui du clergé ou de la noblesse réuni et que l'on y votera par tête.

56. Maintenir la province d'Artois dans son droit d'exemption de Gabelle dans le cas où cette imposition ne serait pas abolie pour le reste du royaume ; la maintenir également dans celui de cultiver le tabac dans toute son étendue même dans les trois lieues limithrophes, l'exclusion introduite par rapport à ces trois lieues étant contraire aux capitulations des villes et aux traités qui ont réuni l'Artois au royaume.

57. Rétablir la commune de cette ville dans son droit primitif d'élire ses juges et administrateurs, en conséquence révoquer l'édit du mois de novembre 1773 et tous autres ultérieurs ainsi que toutes lettres patentes et déclarations concernant les municipalités d'Artois ; et cette élection se fera par les trois ordres de la ville assemblés dans la forme qui sera déterminée par les lettres patentes à obtenir à cet effet.

58. Maintenir les Magistrats de St-Omer dans le droit de faire sous le ressort des juges supérieurs ordinaires, des règlemens pour l'établissement, le maintien, le régime, la suppression ou réunion des communautés d'arts et métiers, sans que lesd. communautés aient besoin d'obtenir de lettres patentes.

59. Confier à la commune de St-Omer l'administration des biens du collège français et de pourvoir à l'enseignement.

60. Que les habitans des fauxbourgs du Haut-Pont et de Lyzel ne soient plus forcés de travailler gratuitement à la vidige ou coupes des herbes ni à aucuns travaux de la rivière d'Aa.

61. Interdire aux Bélandriers de Dunkerque de charger en retour à St-Omer à moins que les Bélandriers de St-Omer n'aient aussi la faculté de charger en retour à Dunkerque.

62. Demander la révocation du privilége exclusif accordé à certaines personnes ou compagnies de la province de s'occuper seules de la fouille des mines de charbon et de profiter seules des découvertes qui pourraient en être faites.

63. Demander aux Etats généraux que les habitans des villes seront convoqués pour nommer leurs représentans à l'assemblée de la nation, comme les habitans de la campagne, relativement au nombre des feux.

64. Que dans les villes principales de chaque province du royaume il soit établi un tribunal de pacificatiou composé de trois Gradués, un ecclesiastique, deux marchands ou négocians et un noble, par devant lesquels toutes les parties qui voudroient plaider seroient tenus de se présenter préalablement, lesquels donneroient leurs avis verbalement et gratis aux parties qui seroient tenues de se présenter devant eux à peine de ne pouvoir exercer leurs actions, et au cas qu'ils ne puissent arranger lesd. parties, ils leur délivreroient leur certificat de n'avoir pu terminer amiablement leurs différents, et dans ce dernier cas la loi les autorisera à se pourvoir pardevant les juges ordinaires.

65. Que le petit auditoire et siège de police pourra juger jusqu'à la somme de 100 livres au lieu de 15 livres.

66. Demander le rétablissement du privilége d'arrêt réel et personnel connu cidevant en cette ville sous le nom de *Loi privilégiée* peur ne pouvoir cependant avoir lieu qu'en faveur des habitans de cette ville contre les personnes et biens des étrangers du royaume pour dettes contractées en France,

Paraphé *ne varietur* par nous Mayeur en exercice de la ville de St-Omer et Président de la dite assemblée à St-Omer, en l'hôtel de ville, le trente et un de mars mil sept cent quatre vingt neuf.

Signé : Le Ch^{er} de Laurétan.

Suivent les signatures des représentants des différentes corporations corps et communautés suivant le procès-verbal pièce n° VIII.

Ainsi fait et arrêté dans l'assemblée du tiers Etat de la
ville et faubourgs de St-Omer cejourd'hui trente un mars
mil sept cent quatre vingt neuf.

Signé : Gaillart de Blairville, Marc de St-Pierre, Crepin,
Boubert, Bachelet, Max^{en} Broucq, Buret, N.-J.
Lorthioy, Harache l'ainé, Dupuis méd.

Paraphé itérativement par nous Mayeur de ladite ville
de St-Omer le trente et un mars mil sept cent quatre vingt
neuf.

Le Ch^{er} de Laurétan.

[illegible]

TABLE DES MATIÈRES

TABLE DES PIÈCES JUSTIFICATIVES

Saint-Omer, Typ. H. D'HOMONT.